ⓒ이상룡

박영희

즐거운 세탁

애지시선 012

즐거운 세탁

2007년 5월 10일 초판 1쇄 발행

지은이 박영희
펴낸이 윤영진
기 획 유용주 박수연 한창훈 이정록
편 집 함순례
디자인 함광일 이경훈
홍 보 전희주
펴낸곳 도서출판 애지
등록 제 2005-5호
주소 300-170 대전광역시 동구 삼성동 125-2 4층
전화 042 637 9942
팩스 042 635 9941
전자우편 ejiweb@hanmail.net

ISBN 978-89-92219-06-8 03810

애지시선 012

즐거운 세탁

박영희 시집

□ 시인의 말

세상에는 한 인생을 망쳐놓은 꽃도 있었음을 진즉에 경험한 터라 네 번째 시집을 선보이는 봄이 은근히 두렵기도 하다.

그래도 명색이 시인인데, 손바닥 싹싹 비벼가며 살 수 있겠나!

지상의 마지막 과제가 너무 버거워 그랬는지는 모르겠으나 어느 날 갑자기 생명과 평화 사이에 이가 빠져 있었다. 애써 그것이 '평등' 이었다고 말하고 싶지는 않다. 다만 21세기의 꽃 兩極花는 그렇게 되살아났고, 얼씨구 좋다며 춤을 추어댔다는 것까지는 기억한다.

그래서 또 부끄럽다, 시인의 누명을 쓰고 살아야 한다는 것이!

_ 대구 평리동에서 박영희

차례

제3부

제1부

고물상을 지나다

저울눈금을 확인한 고물상 주인이 kg당 50원 하는 폐지를 부리다 리어카 밑바닥에서 젖은 라면상자 두 개를 발견하고는 이런 일이 벌써 한두 차례 아니라며 남은 이보다 빠지고 없는 이가 더 많은 노인을 다그치자 재생이 가능한 폐지를 주워온 노인네는 요 며칠 궂은 날씨를 탓하여 본다.

아무리 슬픈 일이 있어도 고물상에서는 눈물은 젖어도 폐지가 젖어서는 안 된다.

장마 지나간 옥상

된장에 찍어먹으면 딱 좋을
풋고추 대롱대롱 달려있고

긴 싸움 이겨낸 늠름한 얼굴로
석편아짐 좋아하는 가지 몇 실하게 매달려있고

찬바람 불면 할마씨들 입맛 돋울
대추알들 따글따글 열려있고

막걸리 둬 사발에 헤헤 두 다리 풀렸으나
철봉대 꽉 움켜쥔 빨래들 보고 있자니 불알 두 쪽이
포도송이마냥 탱글탱글해집니다
열 받으면 가지만해지는 고놈도
덩달아 뜨뜻해집니다

열 받아야 크는
풋고추 가지마냥 칠월 옥상은

자고 나면 커지고
자고 나면 굵어지는 것들뿐입니다

참 살맛나는 날들입니다

어머니

이날 이때껏

'사랑' 이라는 말 한 번도 입 밖으로 흘린 적 없건만

옮겨가는 자리마다 꽃 피어나신다

일몰

종아리를 걷으라 한다

혹시 너에게
또는 누군가에게 누를 범한 일은 없었나,
그 잘못들 죄가 돼버린 건 아닌가 하여
불혹의 종아리 걷어 올렸더니

차알싹!
차알싹!

수평선이 핏빛이다

마지막 남은 고기 한 점

옆 테이블 불판 위에
고기 한 점 남아 있네

누르스름한 고기 한 점 검은빛을 띠며
바삭바삭 타들어가네
아무도 집어드는 이가 없네

나도 그런 적 있었네
젓가락을 들까 말까, 망설였던

용기가 없어 그런 건 아니었네
양심 때문도 아니었네

너무 일찍 몸에 배어버린 몹쓸 눈칫밥.

철야해서 만든 옷들 가방들
반품되어 돌아오거나

석 달째 월급 밀려 방세 전기세
수도세 밀리면
열여덟 살 내 속 불판 위 저 한 점 고기처럼
새카맣게 타들어갔었네

마니산 옹기집

마니산 오르는 옹기집에서였다
식칼 갈아 쓰던 전에서 밑바닥까지 금이 간
항아리를 본 적 있다
화염 속 가마에서 가슴팍에
칼날 긋고 나와 유약을 먹여보았으나
제 구실 못할 것 같아 마당 귀퉁이에 내다 버린

화상 입은 얼굴을 하고 나온 이래
제 새끼 한 번 품어보지 못한 항아리.
된장 한 사발 담아보지 못한 항아리.

장마철이면 사흘 낮 사흘 밤을
허한 속 빗물로 채우고
발목 빠지도록 눈 내리는 날이면
바람 잘 날 없는 사연들이니 채우는,

그러고도 서러운 기색 한 번 내비치지 않던

당신의 눈물과
대문 밖 서성이던 당산나무의 세월을
본 적 있다, 턱밑까지 물을 채운
항아리 속에는 밤으로 별이 돋고
자장자장 달이 떠올라
수정빛 마알간 얼굴로 도란거리는
강물소리를, 언젠가 들은 적 있다

또 다른 막장

사흘 날밤이다
팔 할을 내주고 이 할을 얻었다

현금이 바닥이다
카드를 긁는다

아, 얼마나 버틸 수 있을까!

야트막한 언덕배기에도 숨이 가빠 오고
아랫도리는 고개 떨군 지 벌써 닷새째

그 길로 아내가 야반도주하고,
카지노 입구 전당포에 잡힌 승용차도
반나절 만에 바닥을 드러낸다
이제 무엇이 남았는가

찾아왔던 길 끊기고

이 할의 희망마저 바닥이 나고
저기, 쥐구멍 하나 보인다

廢鑛이다.

소록도, 그 섬의 죽음

아들 하나 두었다는 그는 보이지 않았다
욕하거나 탓하는 사람은 없었다
정든 간호 몇이 가족을 대신해 울어줄 뿐
보름 전에 찍었다는 영정사진 속 그는
폐가처럼 안면이 내려앉아 있었다

다 닳고 남은 두 마디 손처럼
그가 남긴 유산이라고는 달랑 통장 하나.
그 돈으로 관을 사고
장례를 치른 신부 수고비 주고
남은 돈으로는 박카스 한 병씩 나눠 마셨다

가만, 저 하모니카는 내 눈에도 익다
정 노인은 저 하모니카 덕에 세상구경
여러 번 했었다
합주단 만들어 여수로 대구로 서울로 대전으로
교회초청으로 청주까지 다녀왔었다

그러나 예약해 두었다는 호텔에서 잠은 자지 못했다
가는 곳마다 퇴짜를 놓았다
그들은 믿음이 약한 자들이었다

마지막 유언이
뭍이 있는 곳으로, 저 너른 세상 속으로
보내달라는 것이었는데
살아서 갇혀 지낸 섬 죽어서 떠날 수 있을까
의문이다,

그 자리

도청부지로 선정되어
고향 떠난 지 반 년 만에 전라남도 무안군 삼향면 남악
리
723번지에 가 보았습니다
할아버지와 아버지가 지었다는 집은 이미
무너지고 없었습니다
불도저 지나간 자리는 잡초만 무성하고
담배를 꺼내 문 아버지는
멍하니, 앞산만 건너다 보시고
어쩔끄나 어쩔끄나 이 노릇을 어쩔끄나
불도저 지나간 바퀴자국 없애느라
어머니는 뼈마디 앙상한 몸으로
자근자근 옛 집터를 고르고 계셨습니다
가만 보니 그 자리,
당신의 시아버지와 시어머니께서
약속이나 한 듯 농약병 품은 자리였습니다
그 방에서 시부모 먼 길 떠나보내고

누가 볼세라 일곱 남매 탯줄 자른
그 자리를, 어머니
다독다독 다지고 계셨습니다

틈

골목길 정사각형 보도블록 틈에
뿌리내려 파르르 고개 쳐드는
저것들, 어쩌면 나도
저 틈에서 생겨났는지 모른다
밀리고 밀리다 골목 안 어디쯤
뿌리내리려다 문틈에 끼어 피멍 들고
취객의 구둣발에 비명을 내지르기도 하면서
예까지 왔는지 모른다
서너 차례 어금니 악물고 꽃도 피워보았으나
불러주는 이 없어 그 이름 아득하고
보아주는 이 없어 시들해지고만
저것들, 보트피플처럼 떠밀려오다 지쳐
뿌리내린, 간신히 손가락 하나 쑤셔 넣을
틈에서 숨 쉬고 기지개를 켜며
아침이 밝았다고 난쟁이춤 추며 웃는,
누가 덤비면 어쩌나 싫어 지레 겁먹고는
따개비처럼 스크럼을 짜고 있는

저것들,

저것들…….

무와 배추

한 두둑에서는 속이 들고
그 옆 두둑에서는 철이 든다

한 두둑은 한 겹 한 겹 속이 차고
옆 두둑은 쑥쑥 밑이 든다

질세라 한 둔덕이
풍선만한 가슴으로 단내를 풍기면
옆 둔덕은 손목 크기의 말뚝을 박아댄다

한 둔덕은 위로 속이 차고
한 둔덕은 아래로 아래로 밑이 들어 한입 베어 무니

한 둔덕은 상큼달콤하고
그 옆 둔덕 것은 콧구멍 싸한 매운 맛이다

첫눈

이른 아침
한 움큼의 눈물 왈칵 쏟아내더니

바람 분다

휠
휠

수천수만의 흰꽃들 마술처럼 피어난다

바람이 피워낸
저 꽃!
흙 한 줌, 햇살 한 줌 없이 피어나는
저 꽃들!

누구였을까, 대문 밖을 서성이다 돌아선
그 환한 얼굴은.

즐거운 세탁

마지막 헹굼에 피죤을 넣다 말고
물끄러미 안을 훔쳐본다
그저께 벗어두고
어제께 벗어둔
속옷들, 너울너울 춤을 춘다
가느다란 어깨끈이 달린 피노키오 런닝구는
손바닥만한 분홍팬티와 한 조 되어
나란히 손잡고 빙글빙글 돌고
체크무늬 사각팬티는
초록색 수건과 허리 꼭 껴안고
휘엉휘엉 회전목마를 탄다
지난 가을 해운대 아쿠아리움에서 본
물고기들의 춤이 저러했던가
땟국물 쪽 빠진 마알간 수족관에서
지느러미를 한껏 흔들어대는 것이
참 싱그럽기도 하다

제2부

移葬

삽자루 깊이에 묻힌
골간들, 頭—胸—足 순으로 가지런히 맞춘 다음
생전에 얼굴 한 번 뵌 적 없는
조부님의 거처를 옮기는 날

가로 두 자 반
세로 일곱 자 새 거처로 옮기려는데

마흔두 해 전
작은아버지께서 심으셨다는 동백나무에 깃을 앉힌
한 마리 새, 이 말을 전해주고는 포르릉
제 거처로 날아간다

너희가 저 모습으로 눕는 것을 슬퍼할 까닭이 무엇이란
말인가!

추전역에서

돌아오는 이보다
떠나는 이 더 많은

역으로 가는 길이 숨차다

가던 길에 짓밟히고
오던 길에 짓밟혀 신음을 깨물고도
아프다는 한 마디 없이
텅 빈 길 홀로 늙어가는

가장 높은 곳에서
기다림 하나로 일생을 바친

세상의 모든 역은 어머니를 닮았다

* 우리나라에서 가장 높은, 해발 855m의 고원지대에
위치한 역.

청운 스님

어디를 가든 떠난다 생각지 마라 누군가에게 돌아가는 길이라고 마음먹어라 그러면 어딜 가더라도 밤길 따뜻할 테니.

길은 그렇게 가는 것이다

물집

그러께였나 보다
왼손 검지 두 번째 마디에 물이 집을 짓기 시작했다
바늘로 터버릴까 하다 처마 밑 제비 생각에
내버려뒀더니 물컹하던 집 제법 딴딴해졌고
불룩하니 모양새도 갖추었다

톡톡 뇌신경을 자극한 건 한 잔 걸친 날이었다
처음엔 숨쉬기 곤란하다며
부리로 콕콕 쪼아대더니 그제부터는
아예 잠자리까지 파고들어 멱살잡이다

더는 안 되겠다 싶어 오늘은
집 가까운 병원을 찾아갔다 그런데 늦었나 보다
의사는 물집이 평수를 늘리느라
이웃 식솔들에게 압박을 가하고 있다며
제거비용으로 오만 삼천 원을 먼저 수납하라고 한다
이럴 수가,

무허가로 들어설 때 승낙하지 말아야 했던 것일까?
또 모를 일이다 집을 지을 때는
무일푼으로 가능했던 종기들 내 몸 어딘가에
더 큰 집을 짓고 있는지도

볼 수 없으니 알 수 없는 것이다

누드 촬영

들꽃마저 일제히 숨죽인 그날, 살 눌린 자국 지운답시고 꼬박 열흘을 노브래지어 노팬티로 지낸 스물두 살 그녀가 더블티켓 끊어 들판 한 가운데 알몸으로 선 그날, 나는 보아버렸다네 사진관 하는 사내들 몇 어울려 레지를 사서는 세상에서 가장 작은 창문으로 나신을 훔쳐보며 빗발치듯 셔터를 눌러대던 그날, 잘 여문 그녀의 미소와 살랑대는 머리카락과 물오른 봄 햇살에 유난히도 빛을 발하던 음모와 선홍빛 감도는 탱탱한 젖가슴과 앙팡진 엉덩이가 폭죽으로 터지던 그날,

노브래지어 노팬티 속에 꿈틀거리는 그것을.

광속을 다투는 예민한 셔터에도 찍히지 않는 그것을!

전과자

우산을 쓴 그대에게
뛰어들기엔
내 옷이 너무 많이 젖어 있습니다.

집

성추행 의심까지 받은 지하철에서 빠져 나와
마을버스 정류장으로 잰걸음 치는

공룡 닮은 육교와 맞닥뜨리면
두 계단 세 계단을 허들선수처럼 건너뛰며
가쁜 숨 몰아쉬는

불(火)과, 하늘과 저물녘 오렌지노을을 품은
신호등, 그 아래서 발 동동 구르는
저기 저 사람들에게
물어 보거라, 바삐 어디를 가느냐고
가여운 저 사람들, 구원 받으러 교회에 가지 않는다
자비 구하러 절에 가지 않는다

평생을 뒤엉켜 살고도
하루만 자리 비우면 그 빈자리
허전해지는 곳,

시시콜콜한 이야기들이 양념으로 둔갑해
기쁨이 되고
눈물이 되는 곳,
일주가 멀다하고 옥신각신
핏대 세운 장소임에도 돌아서면 그리워지는 곳,
꼬박 세 해를 바람하고 잘 놀다가도
잠에서 깨면
불에 덴 듯 돌아가고 싶던 곳

그곳으로 간다, 저 사람들

아주 오래전부터

알 수 없는 일입니다
쉰 다 되도록 양복보다는 교복을 입고 싶으니
고1 딸아이 배웅하는 아침이면
나도 따라 학교에 가고 싶으니
따라가서 선생님이 출석을 부르면
큰소리로 '예!' 대답하고
같은 반 친구와 떠들다 들키면 선생님께
야단도 한 번 맞아보고 싶은 겁니다
숙제를 못해 가서 벌도 받아보고 싶고
부모님 모셔오라는 소리도 듣고 싶은 겁니다
달거리에 마침표 찍은 지 오래인
여자의 뱃속에
애
들이섰을 때처럼
나이 쉰에 낳아야 하나,
지워야 하나
붉은 동백으로 한 번 피어보고 싶은 겁니다

쭈쭈바와 할머니

벽시계 만드는 공장에 취직한 작은형 등촌동에서 자취할 때다. 나와 두 살 터울인 누나와 셋이 모여 짜장면 한 그릇 먹으려면 서너 달은 기다려야 했다. 작은형은 휴일이고 누나는 비번이고 나는 휴간이어서 신발이 맞는가 싶으면 바지가 안 맞고 바지가 맞춤한가 싶으면 상의가 끼어 줄 묶인 강아지마냥 낑낑대며 살던 시절이었다.

우리 삼형제 사흘이 멀다 하고 등촌동에 모인 건 모내기를 마친 할머니 서울에 오셔서다. 창경원 구경이 평생 소원이라는 할머니 덕에 작은형은 따순 밥 먹고 출근하고 사흘 일하고 하루 쉬는 누나는 비번 받아 쪼르르 달려왔다. 이번엔 내가 놀아줄 차례여서 쭈쭈바 사들고 부리나케 뛰어갔더니 우리 할머니 비닐봉다리 받아들기 바쁘게 이불 속에 넣으며 말씀하시기를,

이 아이스께끼는 이불 속에 넣어뒀다 물컹물컹할 때 먹어야 먹기 수월코 맛도 달크작작하다며 영핸이 니도 괜히 이빨 상하지 말고 이 할미처럼 이불 속에 넣어뒀다 먹으라며 신신당부하신다.

백윤식

지루했던 거라, 삶이라는 것 또는 인생이라는 것이

어, 저 사람 언제 왔지?
어, 그 사람 안 보이네!

그렇게 왔다, 그렇게 사라지고 싶은 거였다

누군가의 목소리 슬퍼 보이고
그대의 어깨 지쳐 보일 때
막간을 이용한 무대에 올라 두어 곡의 노래로 자취 감추는
조치원역이나 평택역으로 남으면 그만인 거였다

세상의 모든 門 등 뒤에서 닫히듯.*

* 영화 〈타짜〉에서

어눌한 안부

객토동인 출판기념회 참석하러 해저물녘 마산에 가는데
이선관 시인의 안부가 궁금해진다
— 바 안 가 압 따 박시이인, 자알 지 이 내 에 고 이잇찌?
이 한 마디를 들으려면 족히 십분은 걸렸던
생전의 안부, 또오 봐아아 한 마디에
한 세월이 다 채워지던 선생의 시는 그의 생애만큼 짧
았다
넉넉잡아 다섯 줄이면 체르노빌을
나비와 지렁이의 죽음을
아무렇지 않은 듯 분단과
통일을 어눌하고 능청맞게 노래할 수 있었다
아, 순정이 없었다면 어찌 그의 말과 노래들
못으로 박혀 있으랴!
너무 어렵고 똑똑한 것도 병이다

똥통족구

누가 놀다간 것일까,

서도초등학교 운동장 귀퉁이에
명석을 펴놓은 듯 네모반듯하니
금 그어져 있다
나침반이 없어도 방위를 식별할 수 있는
우리들의 일상처럼 최전방 공격수 자리는
태풍 지나간 흔적 역력하고
뒤쪽 수비수 자리는 흙금 흐릿하다

저건 또 무엇인가,

한가운데 두 개의 선 나란히 서 있다
네트를 뉜 간격이다
어느 쪽 편의 공이든 빠져서는 안 되는
똥통이다,
지뢰밭이다.

비무장지대다!

32℃

딸아이의 간절한 요청에도 아랑곳
5월이라는 이유로 아내는 '에어컨가동불가' 결정을 내린다

어정쩡하니 어느 편에도 설 수 없는 나는
바깥 기류도 불안하고
실내 기류도 불안하여
할렐루야, 내게 강 같은 평화만 넘치도록 부른다

두 여자의
팽팽한 氣싸움도 시나브로 서편으로 기울고
일곱 해를 잘 견디어 준 선풍기 바람 따라
에어컨을 켜 달라며 조르던 딸도 스르르 잠이 들고

이제 어찌할 것인가,
불을 붙이자니 그렇고 그냥 잠들자니 허전한 것이
32℃, 어중간하다

벽에 걸린 벽시계만 숨 가쁘다

봄소식

— 철산에게

출근길 집을 나서는데 해머소리 우렁차다

찬바람 내통하던 휑휑한 빈터에 한 장 두 장 벽돌이 쌓이고 아내의 등살에서 벗어나 공사장에 고개 내민 사내의 낯빛이 환하다

해머를 치켜들 때마다 쿵! 쿵! 비산네거리 육교 밑 목련 노래방 뽕짝반주다

제3부

미안하다 미안하다

혼자 거닐었던 길 오늘은 둘이서 걷는다

이야기 주고받느라 보폭 맞추느라
가리키는 곳 보아주느라 놓았던 손 다시 잡느라
놓치는 것들이 많아진다

암수 다정한 아름드리 은행나무 지나면 배롱나무, 살결이 고와 하냥 쓰다듬어 주고 싶은 배롱나무 지나면 산딸나무, 한눈 파느라 엄마 손 놓친 흰 아기구름처럼 꽃피는 산딸나무 지나면 개나리울타리, 개나리울타리 지나면 지지난 해 봄 공익요원들이 옮겨 심은 모과나무…….

차마 말은 못하였을지라도 서운하긴 했을 것이다

돌연변이꽃

저 꽃이 흰 것은
네 몸 어딘가에 더는 견딜 수 없는
물안개의 언어가 깃들어 있다는 것이다

저 꽃이 붉은 것은
내 몸 어딘가 반란의 불덩이 마침내
성냥을 그어댔다는 것이다

저 꽃이 보라인 것은 우리 몸 어딘가에
지난날의 맹서 죽은 피로 굳어 있다는 것이다

흰자위에 붉은 기운이 돌고
연분홍에 먹점이 찍히는 까닭은 사랑에도
반란이 시작되었다는 것이다

왕포 포구

비가 오려나,

집으로 돌아간 주인
원망 한 마디 없이
한 척의 배를 위해
방파제를 붙들고 있는
여남은 가닥의
닻줄!

나도 저렇게 누군가를
어금니 악물고,
밤새워 붙들어본 적 있었던가

시집

자고 나면 뚝딱, 도로변에 아파트가 들어서고
자고 나면 뚝딱, 하늘 높은 줄 모르고 솟아오르는

한 달이면 서너 권의 시집을 우편으로 받아 보는 시인은 두려웠던 것이다

1층도 구경하고
2층도 구경하고
로열층까지 올라가 보았지만 층만 다를 뿐
안팎이 똑 같았던 것이다
거실엔 슬림형 엘씨디 TV가 놓여 있고
그 옆 레코드에서는 아리아가 흐르고
색다른 거라곤 평수가 넓어졌다는 것과
방마다 변기가 따로 있다는 것

베란다에 놓인 화분의 개수와 애완견 품종까지 똑 같았던 것이다

동이나 호, 명함을 모르고 찾아 갔다가는

이게 누구네 동네고 저게 누가 사는 집인지 헛갈려 알 수 없는 것이다

두 개의 문장

내 심장에는 탄환처럼 박힌 문장이 몇 있다네
한 시대를 풍미했던 이 문장들은
콘크리트 벽 틈바구니에서 숨죽인 채 서성이거나
웅성대는 광장의 군중들을 한순간에 사로잡기도 하는데
오늘 아침 내 탄환이 꿈틀거린 건
1953년 문장이었네
몬카다 병영을 습격했다 포로가 된 피델 카스트로는
재판에서
"너희가 나를 구속하나 역사가 나를 사면할 것이다."
이 한 마디를 했었지
오늘 아침 신문에는 이 문장이 없었지만
"쿠바인들이 지금까지 살아온 체제보다 더 나은
체제가 있다는 것을 이해할 수 있도록 도와줄 것"이라는
문장 앞에 나는 그만, 아연질색하고 말았다네
1953년 7월 문장은 식어버린 심장을 뜨겁게 하였으나

조지 부시의 2006년 7월 문장은 총구멍 속으로
쿠바를 다시 몰아넣는, 나는 이 문장도 오래 간직해 둘 것이네

落花, 벚꽃 그늘에서

눈부신 반란 앞에 숨이 멎는다

저처럼 내 남은 생도 한 자락 바람에게 온전히 맡길 수 있었으면…….

행복

저녁상 물리고 옥상에 오른다

며칠 전 통닭에 묻어온 은빛돗자리를 깔고 세 식구 누우니 시멘트 바닥은 장작 지핀 아랫목처럼 뜨끈뜨끈하고 칠월 저녁바람에 빨랫줄은 살랑살랑 그네를 탄다

저어기 저것은 지구의 외아들 다알!
저어기 저것은 우주의 미인 그음성!

빈둥대는 한량으로 누운 나는 나하고 눈맞춤하자며 깜빡거리는 머언 나라의 별만 헤면 된다

KTX를 탔다

동대구역에서 서울역까지는 105분, 현재 시속 297km.

바퀴는 보이지 않는다
속도를 가늠할 수 있는 건
차창 밖 스치는 것들과
누군가 나를 짓누르는 것 같은
진동음, 눈을 감는다
무엇을 기억하라는 것인가
너를 그리워하고 추억하기에는
시간이 너무 짧다
그 많은 역들은 어디에 몸을 숨긴 걸까

술래가 보이지 않는다
이제 내가 기억할 수 있는 역도 그리 많지 않다
저 여승무원은 안전할까?

현재 시속 304km, 그 무엇도 확신할 수 없다

내일 돌아왔던 길 오늘 올라가 오늘 내려올 뿐.

포장

은빛언약을 담은
포장을 벗기자 선물이 부러져 있다
너를 닮은 것도 같고 나를 닮은 것도 같았다

얼마나 멋진 프로들인가 우리는, 싸고 덮는 일에
추억 속 옛길은 잊힌 여자이거나
아득한 전설

비는 알고 있었나 보다 우리의 시커먼 위장을
덧입히고 덧씌운 그 알랑함을
그런 줄도 모르고 우리는 폭우가 그쳤다며
그새 포장하러 달려들 간다

저 포장을 벗기면 다음번엔 어떤 선물이 기다리고 있을까
결혼 10주년 핑크사파이어?
첫 번째 여자와 다른 너를 만난 지 1주년이 되는 나이트

가운?

아니면 시커멓게 굳은 심장?

벌써 나흘째다, 오색약수터로 가는 길 끊긴 지.

커튼

한 해 네 번 옷을 갈아입는
창문
사람의 齒數만큼 단추를 채워
여름에서 가을로 갈아입힌다

불혹도 중반을 넘어선 창에 기대어 가만 돌이켜보건대
사랑을 위해서는 때로 빛을 차단하기도 하는 것
은밀히 낮을 밤으로 돌려놓기도 하는 것

지붕에 올라가 외치는 걸 마다하지 않았던 나도
가끔은 그러고 싶을 때가 있었다, 어딘가에 꼭꼭
내 그림자를 숨기고픈.

12월

거리마다

거리마다

캐럴송이 울려 퍼지네

저 종탑은 노래하고 나는 홀로 죽어가리*

보이네

첫눈 소식 전해질 즈음이면 눈에 띄게 말수가 줄어들던

그대가

보이네

사시나무처럼 떨고 있을 붉은 囚番이!

* 장 쭈네의 시 「사형수」에서

홍합

깡마른 장작 한 무더기 경운기에 싣고 감방에서 알게 된 준탁 형 따라 홀아비 집을 나선다 잘 닦인 아스팔트에서는 눈엣가시던 경운기 밀썰물의 바다와 내통하는 외길로 접어들자 휠휠 추수 끝난 들판에 휘파람을 날린다

— 오늘은 이짝쯤에다 자리를 잡아볼까? 동상은 쏘주하고 초장 챙겨 따라오소.

한 손에는 됫병 잎새주를 다른 한 손에는 초고추장 들고 엉그적 엉그적 오리궁뎅이걸음으로 뒤를 따르자 바닷물 쪽 빠진 귀퉁이 바위들 둘러보다 말고 그 중 하나를 골라잡은 준탁 형 바위 밑에 삽날을 들이댄다 잘 먹히는 곳은 삽으로 잘 안 먹히는 곳은 호미로 삭은 폐석을 긁어내자 눈 깜짝할 사이에 바위 밑구녁이 훤해진다

— 다 되았네. 인자 바닥에 납짝한 돌판 깔고 불만 놓으면 될 것 같은디 쏘주 가져왔제? 동상은 나하고 술이나 한 고뿌 하세.

장작불 놓고 서너 순배 오갔을까 진도남녘에서 영변북녘으로 진달래 불붙어가듯 바위에 촘촘히도 붙어 있던 홍

합들 앗, 뜨거라! 앗, 뜨거라!

영락 없는 그날 밤이다.

눈물이면 어때요

오셔요, 늦지 않았어요
삼백예순다섯 날을 꼬박 기다려야 오는
봄처럼
가을처럼 오셔요

늦었다는 생각은 마셔요
문밖 어디쯤에서 서성이지 마셔요

잠에서 깬 얼굴이면 어때요
당신을 만나지 않았다면 부스스한 그 모습 볼 수 있었겠어요
아무한테나 그 모습 보여줄 수 있는 건가요
알고 있어요, 당신이 보여주고자 했던 그 꽃이 시들면서
사랑은 다시 태어난다는 것을.

그래요, 그 꽃은 화장대에서 피어나고

밥상에서 피어나고
신발장에서 피어나고
벗어놓은 양말에서 피어나고
먼지 내려앉은 옷걸이에서 피어나지요
당신이 나에게 보여주고 싶지 않았던
그런 곳에서

그러니 오셔요
늦지 않았어요
눈물이면 또 어때요, 눈물도 사랑인 것을.

우물묵상

두레박으로 뺨을 후려쳐도 당신은 화내는 법이 없습니다. 차고 넘치도록 정수를 담아 갈급한 목을 적셔주십니다.

한참 들여다봐야 깊이를 가늠할 수 있는 나는 두레박을 던지려다 말고 숨 죽입니다. 파란하늘과 양떼무리를 품에 안은 당신의 둥그런 방, 경건히 두 손 모은 당신의 정적 깨뜨릴까봐 차마 두레박을 던지지 못합니다.

날은 저물고 하늘에서는 달과 별이 돋아납니다. 날뛰던 바람은 오늘도 그만 우물에 붙잡혀 집으로 돌아가는 길을 놓치고 말았습니다.

제4부

유언장 받아쓰기

1974년 봄 어느 날이었습니다. 대법에서 사형을 선고한 그날 그들은 사형수 우홍선 · 서도원 · 이수병 · 하재완 · 송상진 · 김용원 · 여정남 · 도예종을 불러 16절지 종이 한 장과 볼펜을 나눠주며 받아쓰기를 실시했습니다.

첫째, 가족이 보고 싶다고 쓸 것.

둘째, 할 말이 없다고 쓸 것.

셋째, 그 어떤 종교의식도 거부한다고 쓸 것.

받아쓰기를 다 마치자 8명의 유언장은 내용이 똑 같았습니다. 100점짜리였습니다. 1974년 4월 9일 대법원 선고가 내려진 다음날, 우홍선 · 서도원 · 이수병 · 하재완 · 송상진 · 김용원 · 여정남 · 도예종은 서대문형무소에서 형장의 이슬로 사라지고 말았습니다.

* 세칭 '인혁당사건' 은 2007년 1월 23일 중앙지방법원에서 32년 만에 무죄가 선고 되었다.

동정 없는 세상

1980년 4월 그녀는 도주한 남편 대신 붙잡혀 사북탄광 광장에 세워졌다.

광장에는 수백의 남자와 그들의 아내, 낮술 냄새를 풍기는 사내도 여럿 있었다.

그들 중 누군가 여자의 젖꼭지를 잡아당겼다.

자궁에 담배를 집어넣는 남자도 있었고 연탄집게로 쑤셔대는 남자도 있었다.

술에 취한 어떤 사내는 여자의 거웃을 뽑기도 하였다.

하지만 그녀는 벌 받을 짓도 지은 죄도 없었다.

남편이 어용노조위원장일 뿐 그녀는 두 자식을 둔 어미일 뿐이었다.

목단강 조 할머니

– 잠시 韓半島를 벗어나 도착한 곳은 북만주. 그곳에서 들여다본 지도 안의 사람들은 행복해 보였다, 남이나 북이나.

할머니는 언제 혼자 되신 거예요?

열아홉에.

열아홉이면 할아버지가 많이 밉겠네요?

그런 소리 마. 얼마나 사내다웠다고. 일본 놈들이 우리 영감 잡으려고 몸이 달았거든.

그래도 너무 일찍 혼자 되셨잖아요?

괜찮아. 그때는 그럴 수밖에 없었어. 나라가 없었잖아. 그 시절에 영감이 그랬어. 지금 우리한테 가장 중한 일은 자식을 갖는 것이 아니라 빼앗긴 나라를 되찾는 일이라고. 나한테 자식이 없는 건 그래서야.

그럼 할아버지도 독립운동 유공자시겠네요?

유공자는 무슨. 난 그딴 거 몰라. 그때 여기 사는 남정네들 다 그랬어.

질긴 희망

– 도문대교에서

비자만 받으면 어디든 못 갈 곳 없으나
비자가 나오지 않는 다리 건너

저 나라

다 왔냐? 당 멀었다.
당 멀었냐? 다 왔다.

그렇게 십 년 흘렀다
삼십 년을 울었다
아버지 백발이 되셨다

이보다 질긴 꿈 꾸어보았더냐
이보다 무서운 병 앓은 적 있었더냐

다 왔냐, 당 멀었다. 그렇게 속았다, 저기 틈 하나 보이

는 것 같아서

당 멀었냐, 다 왔다. 또 그렇게 속았다, 비구름 안개 속 문 하나 보이는 것 같아서

국경을 넘는 밤

— 성태에게

베이징발 모스크바행 국제열차가
얼렌호트역에 도착한 건 23시45분.
출국심사가 시작된다
한 번쯤 바꿔 달라 말하고 싶었던
칙칙한 여권 표지 색깔의 제복 군인이
범법자를 다루듯 코리아를 째려보는
밤, 자정이 지나고
대륙에서의 긴 하루가 지나간다
몸뚱이 하나 간신히 눕힐 4인실 침대칸에 갇혀
여행가방과 몸이 샅샅이 검색당하는
밤, 모든 심사를 마친 열차는
차고로 들어가
표준궤(1435mm)에서 광궤(1524mm)로 몸을 바꾼다
궤가 맞지 않아 두 다리를 바꾸고
몸을 바꾼다는 것, 욕되지 않는다면
나도 바꿔보고 싶었다, 출생을
더는 더운 피 간직하고 싶지 않았다

새로 1시, 눈을 감는다
잠은 오지 않는다
이번에는 조금 전 바꾼 바퀴의 굉음에
귀를 대어본다
칠흑 속을 지치도록 달려도 만날 수 없는
그는 누구였을까?
우리가 만나야 한다던 그것은
혹, 그림자는 아니었을까!
오늘밤도 나는 국경을 넘지 못할 것 같다

조선족

바다구경 한 번 못하고 눈감는 이가
칠 할이 넘는다는 대륙에서
비바람 눈보라에 씻겨 뼈대만 앙상히 남은
섬을 보았습니다

주인을 잘못 만난 죄로 쫓겨나고
자주를 외쳤다는 죄목으로 버림받고

左가 버리고 右가 버린 사생아의 섬을 보았습니다

길림성 훈춘에서는
쌀독 바닥난 모래섬을 보았고
흑룡강성 목단에서는 석탄 연기마저 피어오르지 않는
적막의 섬을, 양말 한 켤레 사 신을 수 없는 하얼빈에서는
맨발의 섬을 보았습니다

떠났던 곳으로 되돌아온 연길에서는

시궁창에 처박힌, 창백한 반달섬을 보았습니다

예수 떠난 십자가

예수 떠난 십자가에 돈꽃이 피었습니다
주인을 잃은 십자가에 징글벨징글벨징그르르
캐럴이 울려 퍼지고

한 권의 말이 저리도 많은 전쟁과 대리석 건물과
어리석은 양들의 밥줄이 됐을 줄이야……!
십자가를 지겠다며 나서는 사람은 없습니다
다들 마이크만 손에 쥐고 있습니다

교회를 뒤집으면 회교가 되고
회교를 뒤집으면 교회가 되는 국경에
아, 철조망꽃이 피었습니다

이스라엘을 돌아가면 이슬람이 나오고
이슬람을 돌아가면 이스라엘이 나오는
예수 떠난 십자가에

포탄 맞아 죽은 임신부가 걸려 있고
엄마 찾으러 나갔다 UN장갑차에 깔려죽은
여섯 살 아이샤가 걸려 있고

벌써 여러 해 그 십자가에는 피, 피, 피, 피꽃이 만발해 있습니다

로리타의 붉은 노을

귀로 듣는 건 팔 할이나
입으로 말하는 건 삼 할이 고작인

시어머니 핀잔에 눈시울 붉어지는
여자, 이 말은 하네
겨울은 싫어요. 필리핀에 없는 겨울은 너무 추워요.

필리핀 북부 루손 마운틴주를 떠나온 뒤
십 년 다 지나도록
고향에 가지 못했네 입이 있어서 말은 하나
그 말 알아듣지 못하는 남자와
몸부터 섞은 여자, 버림받을까 두려워
아이부터 낳았다네
여자는 한숨 돌렸고
시어머니는 한시름 놓았다네

두려움에 떨며 낳은 남매에게

엄마랑 사진 한 장 찍을래? 하였더니
딸은 뒷걸음치고 엄마 닮은 아들은 몸을 숨겨버리네

여자의 눈시울 또 붉어지네

그 산에는 새가 울지 않는다

자고 나면 울어줄까 숨죽여 기다려도
끝내 새는 울지 않았다

컴컴한 굴에서
다이너마이트가 터지는 날

수억 년을 숨어 지낸 바위가
콰당콰다당 종잇장처럼 무너져 내리던
날 어디선가
잔뜩 겁에 질린 목소리로
구르릉 구르릉 우는 소리가 들려왔다

굴 속을 드나든 지 올해로 16년째가 된다는
선탄부 김씨는 함백산이 우는 소리라고 했다
건너편 지장산까지 흔들어대는 그 울음소리는
내가 그곳을 떠나오도록 하루도 그칠 날이 없었다

새들은 대체 어디까지 쫓겨난 것일까?

혼자 떠난 수학여행

꼭 한 번 불국사에 가보고 싶었으나 날이 갈수록 까까머리 그 시절 행방이 묘연했네 속리산은 혼자여서 갈 수 없었네

불국사는 鶴으로 고이 접어 책갈피에 넣어두고 오늘 아침, 두어 번 꿈에서 본 듯한 속리산을 찾아 나섰네 봄이 드는 때라 그런지 법주사 초입은 햇발도 산그림자에 가려 한적했네

어떤 녀석은 여선생들 자고 있는 침실로 몰래 들어가 음악선생 종아리에 임신한 두꺼비를 그려 넣고 또 어떤 녀석은 체육선생 운동화에 흥건하니 오줌을 내갈겼다는 이야기 안주 삼아 홀짝홀짝 얼마쯤 비웠을까 하룻밤 묵어갈 여관에 들어 돈 치르고 열쇠를 기다리는데 글쎄, 아무 방에나 가서 자라고 하더군

인심 좋아 보이는 수부장 말에 겅중겅중 2층으로 올라가 우측 맨 끝 방문을 열었을 때였네 아무래도 번지수를 잘못 찾아든 것 같아 그 옆 201호실도 열어보고 그 옆 203호실도 열어보았으나 그것이 그것이고 거기가 거기였네

어찌나 크고 너르던지 요때기를 손에 쥔 채 이리도 깔아 보고 저리도 깔아보았으나 이미 때는 늦어보였네 하하, 유배를 떠나온 듯 망망대해에 떠 있는 돛단배 신세가 따로 없었네

탈선

금 벗어나는 일 없이 너에게 닿는다면
사랑은 또 불행하리니

겁먹지 마라 두려워 마라

이 역에서
저 역으로 오가는 선로 위에
사랑이 머물러 있다면 너와 난
쉬이 지쳐버릴 걸, 얼마나 매혹적이냐
이 이름, 용기의 아버지며 희망의 어머니냐

이 이름 두렵거든 아서라
노래를 접어라
새로운 세상 꿈도 꾸지 말거라

과녁을 벗어난 화살은 어디에 꽂힐지 모를 마지막 희망.

그것은 아버지의 바다 어머니의 대지.

보아라, 물고기는 어항 속에 갇혀 있고
너와 나는 쳇바퀴 속에 갇혀 있다

양심

겨자씨만한 것.

버리고 싶어도 버릴 수 없는 불씨와 같은 것.

막다른 길목에 들어서면 중심이 되는 것.

최후의 보루 같은 것.

□ 발문

□ 발문

깊고 따뜻한 응시와 절절한 사랑의 시학

박남준(시인)

어디를 가든 떠난다 생각지 마라 누군가에게 돌아가는 길이라고 마음먹어라 그러면 어딜 가더라도 밤길 따뜻할 테니.

길은 그렇게 가는 것이다

—「청운 스님」 전문

누가 있어 어디 마음 둘 길 없이 길 떠나는 역마의 정처 없는 삶에 이처럼 따뜻한 사랑의 말을 건네는가. 얼마나 많은 만남과 이별이 우리 곁에 함께 하는가. 오늘을 떠나보내고 청춘의 아름다운 젊음을 떠나보내고 사랑하는 이들을, 정든 것들을, 맹세를, 설레임들을 보내고 떠나며 어느 누구 어찌 그립고 안타깝지 않으랴.

밤새 또 새싹들은 솟아오르며 꽃들은 지천으로 피어나고 나무들의 움들이 별빛처럼 돋아나는 눈부신 봄날, 박영희의 새 시집을 읽다가 「청운 스님」이라는 시를 보며 위안을 받는다. 사실 이런 봄날 어두컴컴한 방구석에 박혀 한 편의 시를 쓰는 것도 아니고 아무리 허물없이 가까이 지내는 지인이라고 하지만 누군가의 시집발문을 쓴다는 것, 고백컨대 썩 기분 좋은 일은 아니었기 때문이다.

20대, 그 뜨겁게 소용돌이치며 꿈틀거리던 반란의 80년대에 더군다나 광주에서 처음 그를 만났다. 정확히는 86년이었다. 그가 등단을 하고 이름만으로도 그들이 지향하는 목적성이 낭자하도록 선명한 《해방시》라는 동인활동을 시작하며 세상에 펴낸 첫 동인지의 발간을 축하하는 자리였다.

기억에 남을 인사라도 나누었을까. 아니었을 것이다. 열정적인 달변과 훤칠한 외모와 거친 전라도 억양의 첫인상 이후 오랫동안 그와 조우할 기회가 없었다. 그의 소식을 다시 듣게 된 것은 그가 국가보안법 위반으로 구속이 되었다는 연락을 받고서였다.

조금도 놀라지 않았다. 마치 나는 그가 그런 일을 하게 될 것을 미리 알고나 있었다는 듯이 말이다. 암울한 독재정권 치하의 그 당시 거센 불길처럼 번지며 수많은 젊은 목숨들이

산화해 갔던 분신과도 같은 더욱 놀라운 소식을 만났다고 해도 나는 그러했을 것이다. 그는 가슴 가득 이글거리는 활화산의 분노와 사랑을 품고 있으니 누구보다도 그럴 수 있는 사람이야, 라고 여겼을 것이다.

언젠가 어떤 잡지에 시인이 시인에게 띄우는 '간이역에서 보내는 편지' 라는 꼭지에 그에게 다음과 같은 편지를 쓴 일이 있다.

밤새 앞마당에 누가 불을 밝혀 두었나. 노랑상사화가 피었다. 상사화 그 노란 꽃으로 인해 장독대가 환하다. 이 꽃의 이름이 왜 그렇게 붙여졌는지 알고 있겠지. 아직 봄이 다 오기도 전에 수선화 여린 연초록의 잎새가 올라올 때 상사화도 그쯤에서 잎을 밀어올리기 시작하지.

수선화가 잎새를 키우며 꽃대를 밀어올리고 노란 꽃잎을 열어도 상사화는 그것만이 내 삶의 전부라는 듯 다만 잎을 무성히 키우고 있을 뿐이야. 수선화가 꽃을 피우고 시들며 내년 봄을 기약하고는 땅 속 길고 어두운 잠에 들어가는 한 여름이면 상사화 잎새들도 그만 시들고 흔적도 없이 스스로를 지워버리는 것이지.

그러나 세상에 꽃을 피우지 않는 생명이 어디 있겠어. 어느 늦은 여름과 초가을의 길목에서 상사화는 불쑥불쑥 죽순이 솟듯 하룻밤 새 꽃대를 올리고는 눈부신 꽃망울을 터뜨리는 것이야.

잎새들과 꽃이 살아서는 만날 수 없는 그런 안타까운 생태적 운명으로 인해 상사화는 그 애잔한 이름을 갖고 있는 것이지. 살아가는 동안 그런 일들이 어디 상사화뿐이겠어. 주변을 돌아보면 어찌할 수 없는 아픔들을 가지고 살아가는 사람들을 우리는 너무도 많이 보고 자라왔지.

무려 사오십 년 만에 북으로 돌아간 비전향 장기수분들이 그렇게 살아왔고 이 땅 곳곳에 남과 북으로 헤어져 살며 살아생전 언제인가 만나게 될 날만을 손꼽아 기다리는 이산가족들의 안타까움도 상사화꽃과 다를 바 없는 일이지.

영희 네가 일제 치하 광부 징용에 관한 서사시를 쓰려고 자료수집 차 방북했다가 국가보안법 위반으로 구속되어 옥살이를 하던 칠 년여 결코 짧지 않은 날들이 또한 그랬겠지. 그때 네 사랑하는 아내와 딸이, 부모 형제들이 겪어야 했던 상사화꽃과 같은 날들 말이야.(중략)

저녁상 물리고 옥상에 오른다

며칠 전 통닭에 묻어온 은빛돗자리를 깔고 세 식구 누우니 시멘트 바닥은 장작 지핀 아랫목처럼 뜨끈뜨끈하고 칠월 저녁바람에 빨랫줄은 살랑살랑 그네를 탄다

저어기 저것은 지구의 외아들 다알!

저어기 저것은 우주의 미인 그음성!

빈둥대는 한량으로 누운 나는 나하고 눈맞춤하자며 깜빡거리는 머언 나라의 별만 헤면 된다

—「행복」 전문

마지막 헹굼에 피죤을 넣다 말고

물끄러미 안을 훔쳐본다

그저께 벗어두고

어저께 벗어둔

속옷들, 너울너울 춤을 춘다

가느다란 어깨끈이 달린 피노키오 런닝구는

손바닥만한 분홍팬티와 한 조 되어

나란히 손잡고 빙글빙글 돌고

체크무늬 사각팬티는

초록색 수건과 허리 꼭 껴안고

휘엉휘엉 회전목마를 탄다

지난 가을 해운대 아쿠아리움에서 본

물고기들의 춤이 저러했던가

땟국물 쪽 빠진 마알간 수족관에서

지느러미를 한껏 흔들어대는 것이

참 싱그럽기도 하다

—「즐거운 세탁」 전문

삶이란 이렇게 함께 모여 사는 것. 서로의 팔베개가 되어주고 감싸 안아주는 것. 얼마나 이렇게 살고 싶었겠는가. 불혹을 훌쩍 넘겼으니 그도 이제 나이가 든 것인가. 눈 부릅뜨고 예리하게 벼리어진 칼날처럼 단호하며 서슬 푸르던 그가 일상의 소소한 것들을 노래하고 있다.

아직껏 제 집 하나 변변히 마련하지 못한 셋집의 고단한 살림이지만 저녁 산책처럼 옥상에 올라가 헤어지지 않고 아내와 딸과 세 식구가 모여 있는 것만으로도 시인은 욕심 없이 행복해 한다. 그러니 식구들의 옷이 춤을 추듯 서로에게 감겨 있는 세탁기를 들여다보는 것조차 어찌 흐뭇하지 않겠는가.

크고 작다는 말이 아니다. 소중하지 않다는 이야기가 아니다. 그러나 잔잔한 일상으로 안주하기엔 그의 가슴에 남아 있는 응어리가 좀처럼 풀리지 않는다. 초기의 시집 곳곳에서 보이던 어긋난 세상에 대한 격한 목소리는 이제 안타까움과 애잔한 눈길과 넉넉하게 껴안는 품안으로 차분히 가라앉았다.

어찌 그것이 단순히 나이가 들었기 때문이라고 할 수 있겠는가. 힘없는 것들에 대한, 작고 여린 것들에게 대한, 보잘 것

없고 남루하여 소외당하는 세상에 대한 깊고 따듯한 응시와 절절한 사랑을 포기하지 않았기 때문이리라.

골목길 정사각형 보도블록 틈에
뿌리내려 파르르 고개 쳐드는
저것들, 어쩌면 나도
저 틈에서 생겨났는지 모른다
밀리고 밀리다 골목 안 어디쯤
뿌리내리려다 문틈에 끼어 피멍 들고
취객의 구둣발에 비명을 내지르기도 하면서
예까지 왔는지 모른다
서너 차례 어금니 악물고 꽃도 피워보았으나
불러주는 이 없어 그 이름 아득하고
보아주는 이 없어 시들해지고만
저것들, 보트피플처럼 떠밀려오다 지쳐
뿌리내린, 간신히 손가락 하나 쑤셔 넣을
틈에서 숨 쉬고 기지개를 켜며
아침이 밝았다고 난쟁이춤 추며 웃는,
누가 덤비면 어쩌나 싶어 지레 겁먹고는
따개비처럼 스크럼을 짜고 있는
저것들,

저것들…….

—「틈」 전문

바닥을 쳐본 이들은 알 것이다. 이른바 밑바닥까지 삶이 내몰리며 나뒹굴어 본 이들은 알 것이다. 순종은 미덕이 아니다. 냉혹한 삶의 현실을 인정하지 않는다는 것이 아니다. 주어진 것들에 굴종하거나 타협하지 않고 스스로 올곧음을 견지하며 떳떳하게 현실에 맞서 당당히 나아가는 일이 어디 말처럼 쉬운 일이겠는가.

이 시대의 시인으로서 자연인의 개인사로서 그가 살아온 삶만큼 신산한 삶의 험한 강을 건너온 이들도 드물 것이다. 그의 지난한 어린시절을 다 이야기 할 수는 없지만 이 시를 들여다보며 단편적으로나마 미루어 짐작할 수 있을 것이다.

옆 테이블 불판 위에
고기 한 점 남아 있네

누르스름한 고기 한 점 검은빛을 띠며
바삭바삭 타들어가네
아무도 집어드는 이가 없네

나도 그런 적 있었네

젓가락을 들까 말까, 망설였던

용기가 없어 그런 건 아니었네
양심 때문도 아니었네

너무 일찍 몸에 배어버린 몹쓸 눈칫밥.

철야해서 만든 옷들 가방들
반품되어 돌아오거나
석 달째 월급 밀려 방세 전기세
수도세 밀리면
열여덟 살 내 속 불판 위 저 한 점 고기처럼
새카맣게 타들어갔었네

—「마지막 남은 고기 한 점」 전문

춥고 배고픈 시절을 보낸 이가 그뿐 만이겠는가. 건강이다. 웰빙식품이다. 뭐다하며 먹어보는 꽁보리밥의 추억처럼 이야기 할 지나간 과거지사일 따름이겠는가. 눈 들고 귀 기울여보면 아직 이 땅의 곳곳에 수많은 사람들이 "일찍 몸에 배어버린 몹쓸 눈칫밥"을 먹고 자라며 전전긍긍하고 "철야해서 만든 옷들 가방들/ 반품되어 돌아오"는 아픈 현실 속에 "불판 위 저 한 점 고기처럼/ 새카맣게 타들어"가는 안절부

절 어찌할 줄 모르는 일상이 부지기수이다.

겨자씨만한 것.

버리고 싶어도 버릴 수 없는 불씨와 같은 것.

막다른 길목에 들어서면 중심이 되는 것.

최후의 보루 같은 것.

—「양심」 전문

그의 다른 시와는 달리 이 시의 행과 행마다 마침표를 찍듯 분명하게 땅. 땅. 땅. 내가 아는 한 그는 이렇게 살아왔던 것이다. 세상에 얼마나 많은 시인들이 있는가. 또한 아름다운 미문으로 사람들을 현혹하며 달콤하게 만들고 있으나 이기심과 사욕에 가득 찬 시인정신이 결여된, 시와 사람이 전혀 다른 이들이 또한 얼마나 많은가.

사월, 시인 박영희의 시를 읽는 봄날 환한 햇살 속에 한 무리 눈발이 나풀거린다. 무수한 흰나비 떼들이 날아오른다. 산벚꽃 꽃잎이 바람결에 흩날린다. 혼자 중얼거렸다. 허 참, 허 참, 그래 참다운 시인의 눈과 귀와 몸의 정신이 아니고 어찌 이럴 수 있겠는가. 온몸으로 삶을 관통해온 자만이 노래할 수 있는 것이다. 이건 쓰여진 것이 아니다. 몸의 노래이다. 무릎을 쳤다. 절창이다.

종아리를 걷으라 한다

혹시 너에게
또는 누군가에게 누를 범한 일은 없었나,
그 잘못들 죄가 돼버린 건 아닌가 하여
불혹의 종아리 걷어 올렸더니

차알싹!
차알싹!

수평선이 핏빛이다

—「일몰」 전문

문득 어린 날 어머니에게 종아리를 걷고 회초리로 매를 맞으며 하루에도 세 번 자신의 행위나 생각을 되돌아보고 반성하라는 논어의 학이편에 나오는 공자의 제자 증자의 '오일삼성오신'(吾日三省吾身)에서 유래한 '일일삼성'이나 순간순간 자신이 벗어놓은 신발을 살피듯 지금 어떻게 행동을 하며 살고 있는지 존재를 되돌아보며 잘 살펴보라는 '조고각

하'(照顧脚下)라는 선지식의 법문이 떠오른다.

비가 오려나,

집으로 돌아간 주인
원망 한 마디 없이
한 척의 배를 위해
방파제를 붙들고 있는
여남은 가닥의
닻줄!

나도 저렇게 누군가를
어금니 악물고,
밤새워 붙들어본 적 있었던가

—「왕포 포구」 전문

시인의 삶이란 어쩌면 고난한 가시밭길을 홀로 걸어가는 것이리라. 삭풍의 눈보라 속을 "어금니 악물고" 건너가는 것이리라. 오직 온몸으로 걸어서 죽음의 안식에 들어야 비로소 상처투성이 텅 빈 몸을 누일 멀고 먼 탁마의 길,

그러므로 "이야기 주고받느라 보폭 맞추느라/ 가리키는 곳 보아주느라 놓았던 손 다시 잡느라/ 놓치는 것들이 많아"

져서 "차마 말은 못하였을지라도 서운하긴 했을 것이다"며 "미안하다"고 아파할 줄 아는 것이다.

살아오며 회한의 시간이 없었겠는가. 순간 스쳐가는 풍경에도 문득 문득 마음이 아려오는 그 여림의 떨림이 "그러니 오셔요/ 늦지 않았어요/ 눈물이면 또 어때요, 눈물도 사랑인 것을."이라며 한없는 기다림을 잊지 않고 등불처럼 걸어 밝히며 키발의 두 팔을 내밀고 있는 것이다.

막장의 탄광촌으로 북쪽으로 일본으로 만주벌판 중국으로 왜곡되고 버림받은 현대사의 질곡을 찾아 뛰어다니며 마디마디 뼈에 새겨 쓰는 르뽀 라이터로, 소설가로, 삶의 지평을 넓혀가는 시인이 꿈꾸는 행복은 무엇인가. 그가 이 땅에서 바라는 살맛나는 꿈은 어떤 것들인가.

> 된장에 찍어먹으면 딱 좋을
> 풋고추 대롱대롱 달려있고
>
> 긴 싸움 이겨낸 늠름한 얼굴로
> 석편아짐 좋아하는 가지 몇 실하게 매달려있고
>
> 찬바람 불면 할마씨들 입맛 돋울
> 대추알들 따글따글 열려있고

막걸리 뒤 사발에 헤헤 두 다리 풀렸으나
철봉대 꼭 움켜쥔 빨래들 보고 있자니 불알 두 쪽이
포도송이마냥 탱글탱글해집니다
열 받으면 가지만해지는 고놈도
덩달아 뜨뜻해집니다

열 받아야 크는
풋고추 가지마냥 칠월 옥상은
자고 나면 커지고
자고 나면 굵어지는 것들뿐입니다

참 살맛나는 날들입니다

—「장마 지나간 옥상」 전문

새 시집 축하하고 고맙다. 이 봄 다 지기 전에 진달래 붉은 그늘 아래 술 한 잔 거나해져야지.